Analiza książki

AF125930

Hamlet

• • • • • • • • • • • • • • • •

William Szekspir

ANALIZA KSIĄŻKI

Napisany przez Nasim Hamou
Przetłumaczony przez Kâmil Kowalski

Hamlet

WILLIAM SZEKSPIR

WILLIAM SZEKSPIR   **5**

Angielski poeta i dramaturg   5

HAMLET   **6**

Być albo nie być: tragedia prawdy i kłamstwa   6

STRESZCZENIE   **7**

Akt I   7
Akt II   8
Akt III   9
Akt IV   10
Akt V   10

STUDIUM POSTACI   **12**

Hamlet   12
Klaudiusz, Gertruda, Poloniusz i Laertes   13
Ofelia i Horatio   14

ANALIZA   **15**

Kłamstwa i hipokryzja   15
Porządek i polityka   16
Teatr jako przestrzeń prawdy   17

DALSZA REFLEKSJA   **19**

Kilka pytań do przemyślenia...   19

DALSZE CZYTANIE   **20**

Wydanie referencyjne   20

WILLIAM SZEKSPIR

ANGIELSKI POETA I DRAMATURG

- **Urodził się w Stratford-upon-Avon w 1564 r.**

- **Zmarł w 1616 r.**

- **Godne uwagi prace:**

  - *Sen nocy letniej* (1592-1595), komedia

  - *Ryszard III* (1592-1595), sztuka historyczna

  - *Hamlet* (1595-1600), tragedia

Poeta i dramaturg, wybitny angielski literat, szczególnie w gatunku teatru elżbietańskiego (nazwanego tak na cześć królowej Elżbiety I, 1558-1603), William Szekspir urodził się w 1564 roku. Od czasu do czasu pojawiały się wątpliwości co do jego historycznego istnienia, które obecnie wydaje się udowodnione, choć niektóre okresy jego życia pozostają tajemnicze. Napisał 37 sztuk, z których wszystkie generalnie dzielą się na jedną z czterech kategorii: sztuki historyczne, takie jak *Ryszard III*, komedie, takie jak *Sen nocy letniej,* wielkie tragedie, takie jak *Hamlet* i wreszcie ostatnie sztuki, do których należą takie jak *Burza*. W latach 1600 zespół teatralny tego aktora i pisarza, uważany za jeden z najlepszych w Londynie, stał się rezydentem w Globe Theatre. William Szekspir zmarł w 1616 roku.

HAMLET

BYĆ ALBO NIE BYĆ: TRAGEDIA PRAWDY I KŁAMSTWA

- **Gatunek:** sztuka teatralna (tragedia)

- **Wydanie źródłowe:** Shakespeare, W. (2007) *Hamlet*. Shakespeare Library Classic. Minneapolis: Filiquarian Publishing, LLC.

- **Pierwsze wydanie:** 1601

- **Tematyka:** śmierć, szaleństwo, zdrada, kłamstwa, zemsta

Hamlet to jedna z najsłynniejszych tragedii Szekspira. Sztuka została napisana w latach 1595 – 1600.

Tytułowy bohater, książę Danii, stracił dwa miesiące wcześniej ojca, króla. Jego matka ponownie wychodzi za mąż za nowego króla, Klaudiusza, brata poprzedniego króla. Hamlet nie przyjmuje tego do wiadomości, gdyż uważa to za zdradę. Kiedy odkrywa, że jego ojciec został faktycznie zamordowany przez Klaudiusza, wydaje się, że powoli pogrąża się w szaleństwie.

STRESZCZENIE

AKT I

Scena rozgrywa się w Elseneur w Danii. Oficerowie pełniący służbę na zamku króla widzą ducha. Ukazał im się on już poprzedniej nocy. Duch pod każdym względem przypomina dawnego króla. Horatio mówi: "w jakiej konkretnej myśli pracować, nie wiem; Ale w całej rozciągłości i zakresie mojej opinii; To wróży jakąś dziwną erupcję dla naszego stanu "(Akt I, Scena I). Oficerowie przeprowadzają obchód kontrolny, ponieważ kraj obawia się ataku: Fortinbras z Norwegii sprowokował króla Danii, po czym został zabity przez Hamleta. Zgodnie z wcześniejszą umową jego ziemie miały być oddane Hamletowi, ale syn Fortynbrasa "stworzył listę bezprawnych postanowień, dla jedzenia i diety." (Akt I, Scena I), aby je odzyskać.

Po śmierci króla jego następcą został brat Klaudiusz, który ożenił się z jego żoną, Gertrudą. Hamlet, syn poprzedniego króla i bratanek Klaudiusza, jest bardzo melancholijny po śmierci ojca. Obwinia matkę, że tak szybko wyszła ponownie za mąż, zaledwie dwa miesiące po śmierci męża, i to za człowieka, który nie jest tak godny jak jego ojciec. Horatio mówi Hamletowi, że widział ducha i książę postanawia udać się w nocy na platformę, aby spróbować zobaczyć go na własne oczy.

Laertes, syn szambelana Poloniusza, przygotowuje się do wyjazdu do Francji i żegna się ze swoją siostrą, Ofelią. Ona mówi mu, że Hamlet zdaje się coś do niej czuć. Ostrzega ją, by uważała: "Nie może, jak to czynią osoby niewartościowe, rzeźbić dla siebie; od jego bowiem wyboru zależy bezpieczeństwo i zdrowie całego tego państwa" (akt I, scena III). Poloniusz potwierdza tę radę i każe córce zdystansować się od Hamleta, który tylko ją wykorzystuje: "Nie wierz jego ślubom" (Akt I, Scena III).

Tej nocy Hamlet jest na platformie w towarzystwie Horacego i Marcellusa i widzi ducha, który prosi Hamleta, aby poszedł za nim. Duch jest jego ojcem i mówi mu, że został on zamordowany przez Klaudiusza: "Ale wiedz, ty szlachetny młodzieńcze, że wąż, który ukuł życie twego ojca, nosi teraz jego koronę" (Akt I, Scena V). Został otruty. Horatio i Marcellus przysięgają, że nigdy nie wyjawią tego, co widzieli tamtej nocy.

AKT II

Poloniusz prosi swojego sługę, Reynaldo, aby zbadał sprawę jego syna, Laertesa. Ofelia opowiada ojcu przerażona, że odwiedził ją Hamlet, rozczochrany i dziwnie się zachowuje. Poloniusz uważa, że jest on szalony. Król prosi przyjaciół Hamleta, Rosencrantza i Guildensterna, aby spędzili z nim trochę czasu i spróbowali zrozumieć, co się dzieje: "Coście słyszeli o przemianie Hamleta; tak ją nazwijcie, ani zewnętrzny, ani wewnętrzny człowiek nie przypomina tego, czym był" (Akt II, Scena II). Ambasadorowie Norwegii informują Klaudiusza, że król Norwegii aresztował Fortynbrasa. Wchodzi Poloniusz i mówi Klaudiuszowi i Gertrudzie, że uważa Hamleta za szalonego i na dowód czyta im list, który wysłał do Ofelii.

Guildenstern i Rosencrantz idą szukać Hamleta. Ten wyraża im swoją melancholię: "Ostatnio – ale dlaczego nie wiem –

straciłem całą moją wesołość, zapomniałem o wszystkich zwyczajach ćwiczeń; i rzeczywiście to idzie tak ciężko z moim usposobieniem, że ta dobra rama, ziemia, wydaje mi się jałowym cyplem." (Akt II, Scena II). Aktorzy są w mieście i Hamlet chce się z nimi zobaczyć. Prosi ich o odegranie historii śmierci Priama, opowiedzianej przez Eneasza Dydonie, następnie prosi o kolejne przedstawienie na następny dzień: chce zobaczyć, jak grają *Zabójstwo Gonzago* i dodaje do sztuki apostrofę, którą sam napisał. Hamlet myśli sobie: "Każę tym graczom zagrać coś w rodzaju morderstwa mojego ojca przed moim wujem: Będę obserwował jego spojrzenia; będę go męczył do granic możliwości: jeśli tylko się zaczerwieni, znam swój sposób." (Akt II, Scena II).

AKT III

Guildenstern i Rosencrantz opowiadają o swoim spotkaniu z Hamletem królowi i królowej, którzy następnie ukrywają się, aby szpiegować Hamleta i Ofelię. Hamlet mówi młodej kobiecie, że nie powinna była mu wierzyć i że on jej nie kocha. "Płynie do Anglii po odbiór zaległej Daniny. Morze, cudzoziemskie kraje,Nowe pejzaże mogą z jego serca, Przepędzić owe zasiedziałe zmory, A mózg uwolnić od gonitwy myśli, Z której się bierze jego dziwny stan." oświadcza król (Akt III, Scena I).

Hamlet prosi Horacego o obserwację króla podczas wystawiania sztuki. Klaudiusz reaguje na scenę otrucia. Hamlet bierze to za potwierdzenie twierdzeń ducha. Hamlet idzie porozmawiać z matką, podczas gdy Poloniusz jest ukryty za gobelinem, aby ich szpiegować. Kiedy Poloniusz się porusza, Hamlet dźga go przez gobelin, mówiąc: "Jakże teraz! szczur?"

(Akt III, Scena IV). Hamlet oskarża matkę o zdradę ojca. Pojawia się duch, ale matka nie może go zobaczyć.

AKT IV

Królowa mówi Klaudiuszowi, co się stało. Mówi, że Hamlet musi natychmiast wyjechać do Anglii. Podczas podróży Hamlet spotyka oddziały Fortynbrasa maszerujące na Polskę i ubolewa nad własnym tchórzostwem.

Ofelia popada w obłęd. Laertes powrócił. Król sugeruje Laertesowi, że skrzyżuje miecze z Hamletem, aby pomścić ojca i siostrę, zabijając go tempym mieczem. Laertes postanawia również zatruć ostrze. Na wszelki wypadek król przygotowuje również zatruty napój. Horatio otrzymuje list od Hamleta, który prosi go o dołączenie do niego. Królowa ogłasza, że Ofelia utopiła się.

AKT V

Błazny kopią grób dla Ofelii. Dyskutują o utopieniu i kwestii samobójstwa, które jest potępiane przez Kościół. Hamlet obserwuje ich i dziwi się nonszalancji, z jaką grabarz wyrzuca w powietrze czaszki. "Dlaczego to nie może być czaszka prawnika? Gdzie teraz są jego kwilenia, jego wymówki, jego sprawy, jego kadencje i jego sztuczki?" pyta. Król, królowa i ich świta niosą ciało Ofelii. Hamlet odkrywa, że ona umarła. Wstrząśnięty manifestacją bólu Laertesa, którą uważa za ekstrawagancką i fałszywą, prowokuje go mówiąc, że bardziej kochał Ofelię.

Osric, dworzanin, informuje Hamleta o talentach Laertesa w bitwie, aby zachęcić go do wejścia z nim w walkę. Hamlet przyjmuje wyzwanie: "Jeśli to teraz, to nie przyjdzie; jeśli nie przyjdzie, to teraz; jeśli nie teraz, to przyjdzie: gotowość to wszystko" (Akt V, Scena II). Rozpoczyna się pojedynek, królowa przez pomyłkę pije z zatrutego kielicha i umiera. Laertes i Hamlet podczas szturmu wymieniają się mieczami, obaj zostają zranieni zatrutym ostrzem. Hamlet zabija króla. Laertes umiera, umiera również Hamlet. Na scenę wkracza Fortinbras. Horatio wyjaśnia sytuację i ciała zostają wyniesione.

STUDIUM POSTACI

HAMLET

Hamlet, tytułowy bohater sztuki, jest synem króla Danii i bratankiem obecnego króla Klaudiusza, który jest żonaty z jego matką, Gertrudą. Postać ta jest wszechobecna w sztuce, a gdy nie ma jej na scenie, inni bohaterowie mówią o niej. Fabuła obraca się wokół jego melancholii i cierpienia, które potęguje odkrycie zdrady wuja. Poszukuje on prawdy, podczas gdy wszyscy inni uważają go za szaleńca. Jego przyjaciel, Horatio, mówi mu: "To są tylko dzikie i wirujące słowa, mój panie" (Akt I, Scena V).

Jego stan jest niejednoznaczny, bo choć przyjaciele widzą ducha na początku sztuki tak jak on, to podczas spotkania z matką ona go nie widzi. Zachowuje się nieregularnie; dręczy go to, co wie. Świat nie ma dla niego znaczenia, nie jest już źródłem przyjemności. W pewnym sensie jest rodzajem ducha, nawiedzanego przez własne chorobliwe myśli. Hamlet jest bohaterem tragicznym, udręczonym i cierpiącym: "Jakże znużone, nieświeże, płaskie i nieopłacalne wydają mi się wszystkie pożytki tego świata!!" (Akt I, Scena II).

Jego obsesja na punkcie tragedii śmierci ojca sprawia, że zaniedbuje wszystko wokół siebie, przez co traci również Ofelię. Jedynie Horacy znajduje w jego oczach przychylność, Hamlet mu ufa. W rozmowach z innymi bohaterami często jest ironiczny, a nawet cyniczny. Ton nadaje jego wypowiedź w drugiej scenie pierwszego aktu na temat jego relacji z

Klaudiuszem: "Trochę więcej niż krewny, a mniej niż miły". O swoim ojcu mówi na przykład: "Umrzeć dwa miesiące temu i jeszcze nie zapomnieć? W takim razie jest nadzieja, że pamięć wielkiego człowieka może wyprzedzić jego życie o pół roku" (Akt III, Scena II).

Hamlet jest bohaterem-wojownikiem, który, jak nam powiedziano, pokonał Fortynbrasa i staje przed Laertesem na końcu sztuki, ale okazuje się słaby, ponieważ nie robi nic, aby pomścić swojego ojca. "Być albo nie być: oto jest pytanie: czy ,Czy szlachetniejsze jest w umyśle cierpienie z powodu strzał i uderzeń oburzającego losu, czy też wzięcie broni przeciwko morzu kłopotów i przeciwstawienie się im?" pyta sam siebie. W każdym razie, w końcu mówi to, co wie, swojej matce i zabija króla, zanim sam umiera.

KLAUDIUSZ, GERTRUDA, POLONIUSZ I LAERTES

W sztuce te cztery postacie są przeciwnikami Hamleta. Klaudiusz zamordował ojca, Gertruda zdradziła swojego byłego męża, wychodząc za jego mordercę, a Poloniusz próbuje oddalić swoją córkę, Ofelię, od Hamleta, uważając, że jest on szalony. Reprezentują oni kłamstwo, zdradę i hipokryzję. Są niczym innym jak fasadami.

Laertes również sprzeciwia się Hamletowi, jest niemal jego sobowtórem: jego ojciec również został w sztuce zamordowany przez Hamleta. Laertes jest nieufny wobec Hamleta, podobnie jak Poloniusz, i korzysta ze schematu, który chce wprowadzić Klaudiusz, aby pozbyć się Hamleta. Jest zatem po stronie przeciwników. Jego postać jest jednak bardziej niejednoznaczna, ponieważ jego miłość do Ofelii wydaje się szczera i podobnie jak Hamlet pragnie przede wszystkim dowiedzieć się, co stało się z jego ojcem: "Jego sposoby śmierci, jego obskurny pogrzeb – Żadne trofeum, miecz, ani luk nad jego kośćmi, żaden szlachetny obrządek ani formalna ostentacja – wołają, by je usłyszano, jak z nieba na ziemię, że muszę je zakwestionować" (Akt IV, Scena V).

OFELIA I HORATIO

Ofelia jest córką Poloniusza i siostrą Laertesa. Reprezentuje miłość i uosabia niewinną ofiarę. Opis jej śmierci zainspirował wielu malarzy: powoli zanurza się w wodzie i tonie. Kocha Hamleta, ale boi się go, a on ją odpycha. Jest ofiarą tragiczną, a może nawet żałosną. Zanim pozwoli sobie na śmierć, traci zdrowy rozsądek, niemal jak paralela do Hamleta: podczas gdy on staje się coraz bardziej ironiczny i gwałtowny, ona zamyka się we własnych myślach i popełnia samobójstwo. To para niemożliwa, zmiażdżona dramatycznymi okolicznościami, w które się wplątała.

Tymczasem Horatio pełni funkcję oficera. Jest wiernym przyjacielem Hamleta, który określa go jako człowieka sprawiedliwego. Towarzyszy przyjacielowi, wspiera go i jako jedyny pozostaje po wszystkich śmierciach w ostatniej scenie, by powiedzieć Fortynbrasowi, co się stało.

ANALIZA

KŁAMSTWA I HIPOKRYZJA

Sztuka obraca się wokół równowagi prawdy i kłamstwa, nieustannie porusza kwestię hipokryzji. Hamlet jest postacią, która domaga się prawdy. Odrzuca on wszelkie pozory, które przeciwstawia prawdziwym uczuciom. Dlatego według niego jego matka nosi pozory żałoby, ale tak naprawdę wcale nie cierpi. Tłumaczy to w następujący sposób:

> *"Nie wiem ,wydaje się'. ,To nie jest sam mój atramentowy płaszcz, dobra matko, ani zwyczajowe garnitury uroczystej czerni, ani wietrzne zawieszenie wymuszonego oddechu, nie, ani owocowa rzeka w oku, ani rozczochrany ,havior twarzy, wraz ze wszystkimi formami, nastrojami, kształtami smutku, które mogą mnie prawdziwie określić: te rzeczywiście wydają się, bo są działaniami, które człowiek może grać: ale mam to wewnątrz, co przechodzi show; te, ale przywdzianie i garnitury nieszczęścia" (Akt I, Scena II).*

Dlatego postać Osrica tak go drażni: to dworzanin, który zawsze zgadza się z opinią władcy, nigdy nie przedstawiając własnego zdania. Zgadza się z Hamletem, że jest gorąco, potem zimno, potem znowu gorąco według tego, co on mówi.

Podobnie Poloniusz uosabia to funkcjonowanie oparte na kłamstwie. Kiedy prosi swojego sługę o zbadanie syna, prosi go o użycie podstępu w celu wydobycia prawdy. Bohaterowie nie tylko zdradzają się nawzajem, ale robią to podstępnie, ukrywając swoje występki. Co więcej, wierzą, że to, co robią, jest słuszne. Poloniusz mówi: "Twoja przynęta fałszu bierze ten karp prawdy: i w ten sposób my mądrości i zasięgu, z wiatrówkami i z ocenami stronniczości, przez pośrednictwo znajdujemy kierunki" (Akt II, Scena I). Dwór Danii staje się właśnie obrazem zepsucia przez fałsz.

PORZĄDEK I POLITYKA

Podobnie jak w innych sztukach Szekspira i zgodnie z elżbietańskim sposobem myślenia, los rodziny królewskiej wpływa na całe królestwo. Znaki natury mogą zapowiadać kryzys w państwie, ponieważ wszystko jest połączone, a królestwo jest pomniejszoną wersją wszechświata. Jeśli monarchia jest skorumpowana, kraj będzie cierpiał za swoje grzechy.

Horatio wyjaśnia:

> Znak to dla oczu ducha płodny w groźbę. Gdy Rzym na szczycie stał swojej potęgi, Krótko przed śmiercią wielkiego Juliusza Otworzyły się groby i umarli Błądzili jęcząc po ulicach Rzymu; Widziane były różne dziwowiska: Jako to gwiazdy z ogonem, deszcz krwawy, Słońce, Księżyc Plamy na słońcu i owa wilgotna Gwiazda, rządząca państwami Neptuna, Zmierzchła, jak gdyby na sąd ostateczny. I otóż takie same poprzedniki Smutnych wypadków, które jako gońce Biegną przed losem albo są prologiem Wróżb przyjść mających, nieba i podziemia Zsyłają teraz i naszemu państwu.
>
> *(Akt I, Scena I)*

Rzeczywiście, na końcu Horatio podsumowuje to, co się stało i nienaturalne czyny, które zostały popełnione w królestwie: "Tak usłyszysz o cielesnych, krwawych i nienaturalnych czynach, o przypadkowych wyrokach, o przypadkowych rzeziach, o śmierciach założonych przez chytrość i wymuszoną przyczynę, a w tym upsot, purposes mistook fall'n na lekturach wynalazców" (Akt V, Scena II).

Bohaterowie, skonfrontowani z tragediami i prawdą, muszą wybrać swój obóz: muszą albo myśleć o własnym interesie i starać się za wszelką cenę chronić siebie, przyjmując obłudę i fałsz, by ukryć swoje zbrodnie, albo wybrać konfrontację z rzeczywistością bez kompromitacji siebie i ryzykować szaleństwo, jak Hamlet czy Ofelia. Hamlet szuka sprawiedliwości, podczas gdy Klaudiusz postąpił zaślepiony władzą. *Hamlet* jest zatem sztuką niezwykle mroczną. Jedynym wyjściem, jakie pozostaje bohaterom, jest śmierć.

TEATR JAKO PRZESTRZEŃ PRAWDY

W utworze wystawiane są fragmenty sztuki. To "mise en abyme" wyzwala wylanie prawdy. Teatr wchodzi w interakcję z życiem, nie jest tylko formą rozrywki czy kawałkiem fikcji oddzielonym od prawdziwego życia, wpływa na rzeczywistość.

Szekspir wkłada więc w słowa Hamleta dyskurs poetycki, mowę o teatrze i sztuce odgrywania roli. Dla niego teatr jest w gruncie rzeczy lustrzanym odbiciem świata. Musi być zatem interpretowany w sposób naturalny i bez nadmiaru:

> *"Zastosuj akcję do słów, a słowa do akcji, mając przede wszystkim to na względzie, abyś nie przekroczył granic natury; wszystko bowiem, co przesadzone, przeciwne jest intencjom teatru, którego przeznaczeniem, jak dawniej tak i teraz, było i jest służyć niejako za zwierciadło naturze, pokazywać cnocie własne jej rysy, złości żywy jej obraz, a światu i duchowi wieku postać ich i piętno." (Akt III, Scena II).*

Zabójstwo Gonzago daje Klaudiuszowi obraz popełnionej przez niego zbrodni: prawda rozgrywa się w scenie, w której kłamstwa są obecne w rzeczywistości. Jednak w jeszcze większym stopniu to właśnie fikcja pozwala na ujawnienie zbrodni. Klaudiusz, reagując na scenę otrucia, potwierdza Hamletowi i Horacemu swoją winę.

Podobnie w spektaklu nieustannie pojawiają się sceny, w których jeden z bohaterów ukrywa się, by szpiegować Hamleta, stając się tym samym widzem. Na scenie pojawia się wtedy druga scena teatralna. Hamlet również staje się aktorem i zastanawiamy się, na ile gra rolę, a na ile jego szaleństwo jest prawdziwe. Wydaje się być całkowicie przytomny wobec intryg, które go otaczają i daje wszystkim tym, którzy są w jego życiu, dokładnie to, czego oczekują: dowody jego szaleństwa. Ale czy naprawdę jest szalony? Na to pytanie trudno jest odpowiedzieć.

Szekspir bawi się więc teatralnym motywem, by powiedzieć coś o swojej sztuce: teatr jest miejscem prawdy, nawet jeśli maskuje się ona jako fikcja.

DALSZA REFLEKSJA

KILKA PYTAŃ DO PRZEMYŚLENIA...

- Jak zmienia się postać Hamleta na przestrzeni sztuki? Jak jest postrzegany przez innych bohaterów? Jak on sam siebie postrzega?

- Przeanalizuj scenę, w której aktorzy interpretują *Zabójstwo Gonzago*. Jak reaguje Hamlet? W jaki sposób zwraca się do Ofelii? Jak reaguje ona?

- W przemowie Hamleta do aktorów wyłania się jaka wizja teatru? Czy jest ona oryginalna?

- Co przedstawia obraz czaszek w scenie pogrzebu Ofelii? W jakim gatunku malarskim powraca motyw czaszki? Jaką wizję życia sugeruje ten obraz?

- O co Hamlet oskarża innych bohaterów, a zwłaszcza swoją matkę?

- W jaki sposób Hamlet opisuje Horacego? Czy ta postać jest ważna dla sztuki?

- Przeanalizuj sceny, w których jakaś postać ukrywa się przed Hamletem, aby go szpiegować. Jakie są ich motywy? Wyobraź sobie inscenizację tych fragmentów.

- Jaką rolę w fabule odgrywa duch?

- Porównaj *Hamleta* z *Makbetem*, również napisanym przez Szekspira. Jakie podobieństwa występują między tymi dwoma sztukami?

DALSZE CZYTANIE

WYDANIE REFERENCYJNE

Szekspir, W. (2007) *Hamlet*. Shakespeare Library Classic. Minneapolis: Filiquarian Publishing, LLC.

Chcemy usłyszeć od Ciebie, co się dzieje!
Zostaw komentarz na temat swojej internetowej biblioteki
i podziel się swoimi ulubionymi książkami w mediach społecznościowych!

Wydawca zapewnia o wiarygodności publikowanych informacji, co jednak nie może wiązać się z jego odpowiedzialnością.

www.50minutes.com

Master ISBN: 9782808694872
Papierowy ISBN: 9782808616270
Depozyt prawny: D/2023/12603/1907

Verhaal: © Primento

Projekt cyfrowy: Primento, cyfrowy partner wydawców.